KÄRNTEN
Carinthia
Carinzia

Dear David !

Thank you for all
your help and
support for our
Project !

Sandra & Erik

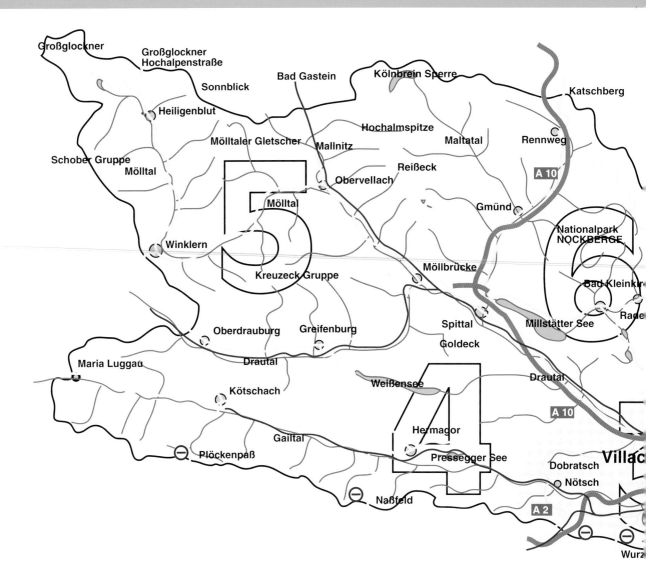

Großglockner
Großglockner Hochalpenstraße
Sonnblick
Bad Gastein
Kölnbrein Sperre
Katschberg
Heiligenblut
Hochalmspitze
Maltatal
Rennweg
Mölltaler Gletscher
Mallnitz
Schober Gruppe
Mölltal
Reißeck
Obervellach
A 10
Mölltal
Gmünd
Nationalpark NOCKBERGE
Winklern
Möllbrücke
Bad Kleinki
Kreuzeck Gruppe
Millstätter See
Rade
Oberdrauburg
Greifenburg
Spittal
Goldeck
Maria Luggau
Drautal
Drautal
Kötschach
Weißensee
A 10
Gailtal
Hermagor
Villac
Plöckenpaß
Pressegger See
Dobratsch
Nötsch
Naßfeld
A 2
Wurz

INHALT - INDEX - INDICE - Seite-Page-Pag.

Carinthia - Carinzia

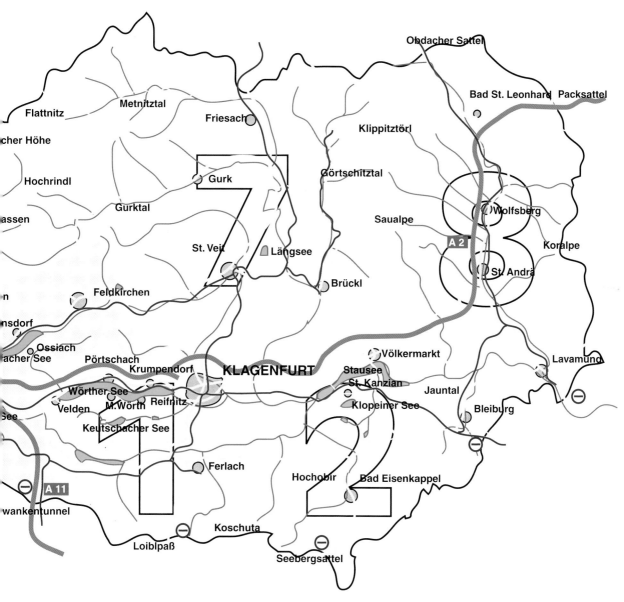

Copyright und Fotos:
Kärntner Ansichtskartenverlag
Heizhausstraße 52, 9500 Villach
Ansichtskartenverlag focus, Jürgen Heinz
Hauptstraße 117, 9871 Seeboden
Verlag Glocknerwirt, 9844 Heiligenblut
Fenz, Dina Marina und Hruby
Graphik: **Studio Matino,** Schio
Konzeption: **Dr. Beato Barnay**
Texte: **Markus Barnay**
Druck: **Kina Italia / Eurografica** - Italy

EINLEITUNG

Sucht man nach einem hervorstechenden Merkmal von Österreichs südlichstem Bundesland, fällt wohl zunächst die landschaftliche Vielfalt ins Auge: Eingebettet in die Gebirgszüge der **Tauern,** der **Karnischen Alpen** und der **Karawanken** liegt ein Land mit beinahe 200 Seen und Weihern, das in einem südlichen Teil großteils unter 1000 m Meereshöhe liegt, im Norden aber von gewaltigen Alpengipfeln überragt wird. So ist der 3800 Meter hohe **Großglockner** an der Grenze zwischen Kärnten, Osttirol und Salzburg nicht nur der höchste Berg Kärntens, sondern von ganz Österreich. Das Land mit der Hauptstadt **Klagenfurt** (87.000 Einwohner) wird in West-Ost-Richtung von der Drau durchflossen, weitere bedeutende Täler sind das Mölltal im Nordwesten, das **Gailtal** im Südwesten, das **Gurktal** im Norden und das **Lavanttal** im Osten. Die 540.000 Einwohner Kärntens erfreuen sich darüberhinaus eines milden Klimas und der meisten Sonnenstunden aller österreichischen Bundesländer. So ist es auch kaum verwunderlich, daß die Bevölkerung heute vor allem vom Fremdenverkehr lebt.

Daneben haben Industrie, Gewerbe und die Stromerzeugung die größte Bedeutung im Wirtschaftsleben, im Gegensatz zur einst blühenden Landwirtschaft spielt heute auch die Forstwirtschaft noch immer eine nennenswerte Rolle.

Wörthersee, Maria Wörth

Geschichte

Die Existenz Österreichs wurde vor etwa 1000 Jahren zum ersten Mal urkundlich erwähnt, jene von "Karantanien" (Kärnten) fast 300 Jahre zuvor. Schon um 700 n.Chr. spielte das Land eine wichtige Rolle im europäischen Mächtespiel - vor allem als historisch wichtiges Durchzugsgebiet zwischen dem mittleren und dem südlichen Europa. Bis ins 14. Jahrhundert war Kärnten ein eigenes Herzogtum mit wechselnder Ausdehnung (zeitweise von der Enns im Norden bis zum adriatischen Meer im Süden), doch als 1335 der letzte *Meinhardiner* Herzog starb, ging Kärnten an die *Habsburger* über und wurde Teil des österreichischen Reiches. Mit der Machtübernahme der Habsburger ging bald ein Brauch zu Ende, der bis dahin große Bedeutung hatte: Auf dem "Herzogstuhl" hatte jahrhundertelang der neue Herzog den versammelten Ständen seinen Eid geleistet - unter den Habsburgern wurde daraus eine Stätte der Huldigung des Herzogs.

So vielfältig die Kärntner Landschaft ist, so vielfältig sind auch die Wurzeln seiner Bevölkerung: *Illlyrer, Römer, Slawen* und *Germanen* waren die wichtigsten Besiedler, und meist gelang es, diese unterschiedlichen Einflüsse fruchtbar zu nutzen. Aber es gab auch Reibeflächen: Etwa im 17. Jahrhundert, als das zur Zeit der Reformation protestantische Land im Zuge der Gegenreformation von der katholischen Kirche zurückerobert und der protestantische Adel aus dem Land vertrieben wurde. Wunden, die bis heute immer wieder aufbrechen, hinterließen auch die Konflikte zwischen deutschsprachiger Mehrheit und slowenischsprachiger Minderheit, die ihren Ursprung 1918 hatten: Nach dem Ende des Ersten Weltkrieges wehrte sich vor allem die deutschsprachige Bevölkerung gegen die Besetzung Südkärntens durch jugoslawische Truppen (*"Kärntner Abwehrkampf"*). Doch dann waren es die Bewohner der überwiegend slowenischsprachigen Gebiete im Süden, die bei einer Volksabstimmung am 10. Oktober 1920 für einen Verbleib bei Österrerich stimmten.

Kultur

Kärnten verfügt dank seiner reichen Geschichte über eine große Anzahl bedeutender Kulturgüter, deren Herkunft bis in früheste Besiedlungszeiten zurückreicht. Die wichtigste Ausgrabungsstätte befindet sich am **Magdalensberg,** wo einzigartige spätkeltische und römische Siedlungsreste gefunden wurden.

Hier im Bereich des Klagenfurter Beckens, der historischen Kernlandschaft Kärntens, finden sich noch etliche andere kulturhistorischwertvolle Stätten: Der **Ulrichsberg** mit Ausgrabungen eines keltischrömischen Heiligtums, der Wallfahrtsort **Maria Saal** mit der spätgotischen Kirche aus dem 15. Jahrundert, aber auch die weithin bekannte Burg **Hochosterwitz,** auf einem 150 Meter hohen Kalkfelsen gelegen und über einen durch 14 Festungstore gesicherten Weg erreichbar. An vielen veiteren Orten finden sich bedeutende Kunstschätze - etwa im romanischen Dom von **Gurk** mit seinen über 700 Jahre alten Fresken, im Benediktinerstift **St. Paul** oder im Kloster **Ossiach.** Natürlich ist auch die Landeshauptstadt Klagenfurt reich an Kulturgütern: Vom Lindwurmbrunnen, dem Wahrzeichen der Stadt, angefangen,über das Landhaus mit seinem Wappensaal bis zum Dom und der Fürstbischöflichen Residenz.

Sehenswürdigkeiten

Neben den erwähnten Kulturschätzen sind es vor allem die Naturschönheiten, die den Reiz Kärntens ausmachen: Die unzähligen Seen, die gletscherbedeckten Berge, die Wälder und Flußtäler. Daneben locken zahlreiche Thermalquellen wie das **Warmbad Villach,** Museen wie das Freilichtmuseum **Maria Saal** oder auch der **"Europapark"** in Klagenfurt mit seiner Attraktion "Minimundus", wo über 150 berühmte Bauwerke aus aller Welt im Maßstab 1:25 aufgestellt sind.

INTRODUCTION

One of the clearest characteristics of the southern region of Austria is undoubtedly the variety of the scenery. Set amongst the **Tauern, Carnic** and **Karawanken Alpine** chain is a region with nearly 200 lakes and ponds, situated to the south at Pess 1000m abote sea level and characterized in the north by imposing Alpine summits. For this reason the summit of **Grossglockner,** which reaches 3800 metres, situated on the border between Carinthia, eastern Tyrol and Salzburg is not only the highest peak in Carinthia but of all Austria. The region with **Klagenfurt** as its capital (87,000 inhabitants) is crossed from east to west by the **Drau** and other important valleys such as the **Moelltal** to the north-west, the **Gailtal** to the south-west, the **Gurktal** to the north and the **Lavanttal** to the east. The 540,000 inhabitants of Carinthia also enjoy a mild climate and the highest amount of sunshine of all the region in Austria. It is no wonder then that the people live mainly from tourism. As well as this, industry, commerce and energy production play a role of great importance in the economic life of the Austrian community. In contrast with the once flourishing agriculture, forestry is still playing an important part in the economy.

History

The existence of Austria was first cited about 1000 years ago; Carinthia, or Karantanien, about 300 years previously. Already around 700 A.D. the region was a prota-

Villach

Villach mit Görlitzen, 1900 m

gonist in the European struggle for power, above all as an historically important region of transition between central and southern Europe. Until the 14th century Carinthia was a Duchy in its own right, extending at various times from the Enns in the north to the Adriatic Sea in the south. When, in 1335, the last Duke *Meinhardin* died, Carinthia passed to the *Habsburgs* to make up part of the Austrian kingdom. With the ascent to power of the Habsburgs, a tradition disappeared which till then was of considerable importance. To the "throne" of the Duchy the Duke had been elected by the various classes for centuries. Under the Habsburgs this was transformed into paying respect to the Duke. The countryside of Carinthia is as varied as the roots of its people: *Illyrians, Romans, Slavs* and *Germans* were the principal occupiers and in most cases managed to exploit to their advantage the combination of diverse influences. But there were also areas of dissent.

Towards the 17th century, the territory which was Protestant at the time of the Reformation was reconquered by the Catholic church on the wave of the Counter-reformation and the Protestant nobility was hunted from the region. Wounds which, even today, are still fresh, are those caused by the conflict begun in 1918 between the German-speaking peoples and the Slovenian minorities. At the end of the First World War it was mainly the German-speakers who revolted against the occupation of southern Carinthia by the Yugoslav troops (*"Struggle for the Defense of Carinthia"*). And yet it was the mainly Slovenian-speaking inhabitants of the southern region who, by popular vote on 10th October 1920, chose to remain a part of Austria.

Culture

Due to its rich history Carinthia has innumerable important cultural treasures whose origins go back to the early days of settlement. The most important excavation is on the mount of **Magdalensberg,** where exceptional late Celtic and Roman remains have been found. Here, in the Klagenfurt basin, the historical central countryside of Carinthia, it is possible to visit numerous other places of noted importance from a historical and cultural point of view: Mt. **Ulrichsberg,** with excavations of a Celtic-Roman temple; the sanctuary of **Maria Saal** with the late-Gothic church of the 15th century; also the well-known **Hochosterwitz** castle, situated on calcareous rock 150m high and accessible by way of a path protected by 14 portals.In many other places important artistic treasures are to be found. In the Romanic cathedral of **Gurk** there are frescoes dating back 700 years as well as in the Benedictine monastery of St Paul and the convent of **Ossiach.**

Naturally, the regional capital of **Klagenfurt** has a rich artistic heritage; from the "Lindwurmbrunnen"(fountain of the dragon), symbol of the city, to the town hall with its heraldic room, the cathedral and the residence of the Bishop.

Curiosities

Alongside the artistic treasures mentioned, Carinthia also owes its charm to the natural beauty of its innumerable lakes, glacier-topped peaks, forests and river valleys. Another attraction are the numerous thermal springs such as **Warmbath of Villach,** museums such as the open air museum of **Maria Saal,** or the **"Europe Park"** in Klagenfurt with its "Miniworld" attraction where more than 150 famous monuments from all over the world are exhibited in miniature on a scale of 1:25.

INTRODUZIONE

Una delle caratteristiche più spiccate della regione meridionale dell'Austria è indubbiamente la varietà del paesaggio. Adagiata tra le catene montuose dei monti **Tauri**, delle **Alpi Carniche** e dei **Karawanken** si estende una regione che conta circa 200 laghi e stagni, situata a sud a meno di 1000 m sopra il livello del mare è caratterizzata a nord da imponenti cime alpine. Per tale ragione, la cima del **Grossglockner,** che raggiunge i 3800 metri, situata al confine tra Carinzia, Tirolo orientale e Salisburgo, non rappresenta solamente la vetta più alta della Carinzia, ma anche di tutta l'Austria. La regione con capoluogo **Klagenfurt** (87.000 abitanti) è attraversata in direzione est-ovest, dal **Drau**, altre valli importati sono la **Moelltal** a nord-ovest, la **Gailtal** a sud-ovest, la **Gurktal** a nord e la **Lavanttal** ad est.

I 540.000 abitanti della Carinzia godono inoltre di un clima mite e del maggior numero di ore di sole di tutte le regioni austriache. Nessuna meraviglia quindi che la popolazione viva oggi soprattutto di turismo. Accanto a ciò industria, commercio e la produzione di energia rivestono un ruolo di principale importanza nella vita economica, in contrapposizione con l'agricoltura un tempo fiorente, attualmente anche l'economia forestale stà acquistando un ruolo sempre più rilevante.

Klopeiner See.

Klopeinersee

Storia

L'esistenza dell'Austria viene citata per la prima volta circa 1000 anni fa, quella della "Karantanien" (Carinzia) circa 300 anni prima. Già attorno al 700 d.c. la regione svolgeva un ruolo importante nell'ambito del gioco di forze europeo - soprattutto come regione di transito storicamente importante tra l'Europa centrale e l'Europa meridionale. Fino al 14°secolo la Carinzia costituiva un ducato proprio con estensione variabile (talvolta dall 'Enns a settentrione fino al mare Adriatico a meridione) tuttavia, quando nel 1335 morì l'ultimo duca dei *Meinhardin,* la Carinzia passò agli *Asburgo,* entrando a far parte del regno austriaco. Con l'ascesa al potere degli Asburgo, scomparve una tradizione che aveva rivestito fino a quel momento una considerevole importanza. Sul "trono ducale", per secoli, aveva prestato giuramento il nuovo duca eletto dalle varie classi - sotto il regno degli Asburgo fu trasformato in luogo di ossequio al duca. Tanto vario è il paesaggio della Carinzia quanto varie sono le radici della sua popolazione: *illiri, romani, slavi* e *germani* furono i principali occupatori e, nella maggior parte dei casi, si è riusciti a sfruttare vantaggiosamente l'insieme di queste influenze diverse. Vi furono tuttavia anche zone di dissidio: verso il 17° secolo, quando il territorio che era protestante al

tempo della Riforma fu riconquistato dalla Chiesa Cattolica sull'onda della Controriforma, e la nobiltà protestante fu cacciata dalla regione. Ferite, che ancora oggi si riaprono, sono state lasciate anche dai conflitti, iniziati nel 1918, tra la maggioranza di lingua tedesca e la minoranza di lingua slovena. Alla fine della Prima Guerra Mondiale fu soprattutto la popolazione di lingua tedesca a rivoltarsi contro l'occupazione della Carinzia meridionale da parte delle truppe jugoslave (*"Lotta di difesa per la Carinzia"*).

Tuttavia furono gli abitanti prevalentemente di lingua slovena delle regioni meridionali che, con votazione popolare del 10 ottobre 1920, scelsero di rimanere uniti all'Austria.

Cultura

In virtù della sua ricca storia, la Carinzia presenta innumerevoli e rilevanti tesori culturali, la cui origine risale ai primi tempi dell'insediamento. Lo Scavo piu importante si trova sul monte **Magdalensberg,** dove sono stati scoperti eccezionali resti di insediamenti tardo-celtici e romani. Qui, nella zona del bacino di Klangenfurt, lo storico paesaggio centrale della Carinzia, è possibile visitare numerosi altri luoghi di notevole importanza dal punto di vista storico-culturale: il monte **Ulrichsberg,** con scavi di un tempio celtico-romano, il santuario di **Maria Saal** con la chiesa tardo-gotica del 15° secolo, ma anche il noto castello di **Hochosterwitz**, situato su una roccia calcarea alta 150 metri e raggiungibile attraverso un sentiero protetto da 14 portali. In molti altri luoghi si trovano importanti tesori artistici ad esempio nel duomo romanico di **Gurk** con i suoi affreschi risalenti a piu di 700 anni fa, nel monastero benedettino, di St. Paul o nel convento di **Ossiach.** Naturalmente, anche il capoluogo regionale Klagenfurt è ricco di patrimoni artistici.

Dalla fontana del drago (Lindwurmbrunnen), simbolo della città, al municipio, con la sala araldica, fino al duomo ed alla residenza dei vescovi principi.

Curiosità

Accanto ai tesori artistici gia ricordati, la Carinzia deve il proprio fascino alle bellezze naturali. Gli innumerevoli laghi, i monti ricoperti da ghiacciai, le foreste e le valli dei fiumi.

Un'altra attrazione è rappresentata dalle numerose fonti termali, come il **Bagno Caldo** di Villaco, musei come il museo all'aperto di **Maria Saal** o il **"Parco Europa"** a Klagenfurt, con la sua attrazione "Minimondo" dove sono esposti piu di 150 opere monumentali famose di tutto il mondo in scala 1:25.

1 · WÖRTHER SEE

Velden

Das eigentliche touristische Zentrum Kärntens ist das Gebiet rund um den Wörther See, das dank seiner alten Badetradition und der zahlreichen Kurorte auch als "österreichische Riviera" bezeichnet wird. Wohl der mondänste Badeort Kärntens ist **Velden** am Westende des Sees, dank seiner windgeschützten Lage in der weiten Bucht eines der wärmsten Alpenseebäder. Der Kurort, der schon im 16. Jahrhundert als Badeort genannt wurde, bietet Gelegenheiten zu sämtlichen Wassersportarten, außerdem zum Reiten, Golfspielen und Tennis. Für die Abendunterhaltung sorgen kulturelle Veranstaltungen und das Spielcasino.

The real tourist centre of Carinthia is the region surrounding the Worthersee which, because of its deep-rooted traditon for bathing and the numerous health resorts, is also known as the "Austrian Riviera".
The most fashionable of the bathing centres in Carinthia is undoubtedly Velden, situated at the western extremity of the lake in a position protected from the wind, in the wide bay of one of the warmest of the Alpine lakes. This health centre was already known as a bathing locality in the 16th century and offers the chance to practice all kinds of water sports as well as horse-riding, golf and tennis. Evening entertainment is ensured by cultural events and the casino.

Il vero e proprio centro turistico della Carinzia è la regione che circonda il Woerthersee che, grazie alla radicata tradizione balneare ed ai numerosi centri di cura, viene anche denominata la "Riviera austriaca". A occidente del lago in posizione protetta dai venti, nell'ampia baia di uno dei più caldi laghi alpini. Questo centro di cura, già noto come località balneare nel XVI secolo, offre la possibilità di praticare tutti i tipi di sport acquatici, nonche equitazione, golf e tennis. Il divertimento serale è garantito da manifestazioni culturali e dal casinò.

Schloss Velden (erbaut 1590)

Velden Castle (built in 1590)

Castello di Velden (costruito nel 1590)

Pörtschach

Ein weiterer großer Luftkur - und Badeort liegt am Nordufer des Wörther Sees: Bei **Pörtschach** bildet die in den See ragende Halbinsel eine der schönsten Buchten des Sees. Auch hier gibt es Gelegenheiten zum Tennis-und Golfspielen, außerdem ist Pörtschach ein beliebter Kongreßort.
Lohnende Wanderungen führen u.a. am Renaissance-schloß **Leonstain** vorbei zur **Burgruine Leonstain** oder zum Aussichtspunkt **"Hohe Gloriette"**, wo bis 1335 die herzogliche Seeburg stand.

On the northern shore of the Woerthersee there is another important bathing and health centre. Near **Poertschach,** the peninsula which stretches out into the lake creates one of the most beautiful bays in the lake. Here, too, it is possible to play tennis and golf, not to mention the fact that Poertschach is a renowned congress centre.
Among the hiking destinations noteworthy are the **ruins of Leonstein,** which can be reached passing the Renaissance **castle of Leonstein** or the belvedere **"Hohe Gloriette",** seat of the ducal castle on the lake until 1335.

Sulla sponda settentrionale del Woerthersee si trova un altro importante centro balneare e di cura. Presso **Poertschach,** la penisola che si protende nel lago da vita ad una stupenda baia.
Anche qui è possibile praticare tennis e golf, senza contare il fatto che Poertschach è un rinomato centro congressi. Tra le mete di escursione sono degne di nota le **rovine di Leonstain,** raggiungibili passando per il castello rinascimentale di Leonstain, o il belvedere **"Hohe Gloriette",** sede fino al 1335 del castello ducale sul lago.

Maria Wörth

Der Ort, dem der Wörther See seinen Namen verdankt, ist **Maria Wörth,** dessen Ortskern auf einer in den See vorgeschobenen felsigen Halbinsel liegt. Das 875 n. Chr. erstmals erwähnte Maria Wörth ist eine der ältesten christlichen Siedlungen Kärntens - auf den Fundamenten der um 900 von Bischof Waldo erbauten Kirche steht heute die spätgotische **Pfarrkirche Maria Himmelfahrt** mit ihrer sehenswerten Krypta. Sie erreicht man über eine gedeckte Treppe. Auf dem kleineren Hügel der Halbinsel steht die frühere Pfarrkirche: Die sogenannte **"Winterkirche"** wurde 1155 geweiht und 1399 nach einem Brand teilweise wiederaufgebaut.

The Woerthersee takes its name from the town of **Maria Woerth,** the centre of which is on a rocky peninsula which extends into the lake. The first mention of Maria Woerth was in the year 875 A.D.; it is one of the oldest Christian settlements e church built by Bishop Waldo around the year 900 is considered to this day the true symbol of the Woerthersee. The **late-Gothic parish church,** with its precious crypt, can be reached by way of a covered stairway. On the small hill of the peninsula is the former parish church, the **"Winter Kirche"** (Winter Church), built in 1155 and partly reconstructed in 1399 after a fire.

Il Woerthersee trae il proprio nome dalla località di **Maria Woerth,** il cui centro è posto su una penisola rocciosa che si protende nel lago. La località Maria Woerth, la cui prima citazione risale all'anno 875 d.C., a uno degli insediamenti cristiani piu antichi - la chiesa edificata dal vescovo Waldo attorno al 900 è considerata fino ad oggi il vero e proprio simbolo del Woerthersee.
La **chiesa parrocchiale tardo-gotica,** con la preziosa cripta, è raggiungibile per mezzo di una scala coperta. Sulla collinetta della penisola sorge la precedente chiesa parrocchiale, la cosidetta **"Winterkirche"** (Chiesa dell'invemo), edificata nel 1155 e parzialmente ricostruita nel 1399 dopo un incendio.

Bild 1: Gotisches Taufbecken in der Pfarrkirche
Bild 2: Hochaltar von 1658
Bild 3: Wandaltar mit Kruzifix (16. Jhdt.)
Bild 4: Karner (erbaut 1276)

Photo 1: Gothic font in the Parish Church
Photo 2: High altar, 1658
Photo 3: Wall altar with crucifix (16th c.)
Photo 4: Ossuary (built in 1276)

Foto 1: Fonte battesimale gotico nella Chiesa parrocchiale
Foto 2: Altare maggiore del 1658
Foto 3: Altare murale con Crocefisso (XVI sec.)
Foto 4: Ossario (costruito nel 1276)

1

2

3

4

Reifnitz und Pyramidenkogel

Bild 1-2: Bucht von Reifnitz mit Schloss
Reifnitz
Bild 3-4: Pyramidenkogel (851 m)
Turm mit Aussichtsterrasse (54 m hoch)

Photos 1-2: Reifnitz Bay with Reifnitz Castle
Photos 3-4: Pyramidenkogel (851 m)
Tower with panoramic terrace (height 54 m)

Foto 1-2: La baia di Reifnitz con il castello di
Reifnitz
Foto 3-4: Pyramidenkogel (851 m)
Torre con terrazza panoramica (altezza 54 m)

Krumpendorf

Bilder 1-2: Seebadeort Krumpendorf am Wörther See

Photos 1-2: Krumpendorf resort on the Wörther See

Foto1-2: La località balneare di Krumpendorf sul Wörther See

Keutschacher See

Grosses Bild: Der Keutschacher See ist ein beliebter Badesee, nahe des Wörther Sees gelegen. Er verdankt seinen Namen dem kleinen Ferienort Keutschach.

Large photo: Keutschacher See is a well-known bathing lake near the Wörther See. It is named after the small resort of Keutschach.

Foto grande: Il Keutschacher See è un noto lago balneabile, in prossimità del Wörther See. Deve il proprio nome alla piccola località turistica di Keutschach.

Europapark - Minimundus

Am Ostende des Wörther Sees liegt nicht nur das große Strandbad der nahen Stadt Klagenfurt, sondern auch der **Europapark** mit dem **Reptilienzoo**, dem **Planetarium** und der Miniaturstadt **Minimundus** mit ihren mehr als 150 im Maßstab 1:25 angefertigten Kopien berühmter Gebäude aus aller Welt.

At the western point of the Woerthersee are the extensive lido of nearby Klagenfurt and the **Europark**, with a **Reptile House**, a **Planetarium** and a miniature city, **Minimundus,** where one can admire more than 150 scale models of famous buildings from all over the world

Sulla punta occidentale del Woerthersee sono situati l'esteso lido della vicina città di Klagenfurt e l'**Europapark** (Parco Europa), con il **Rettilario,** il **Planetario** e la città in miniatura **Minimondo,** dove potrete ammirare più di 150 modelli in scala 1:25 di famosi edifici di tutto il mondo.

1 · KLAGENFURT

Die Hauptstadt Kärntens (87.000 Ew.) liegt am Ostende des Wörther Sees, mit dem sie durch den Lendkanal verbunden ist. Die 1181 an einer Furt über die Glan gegründete Siedlung wurde 1252 zur Stadt erhoben. 1518 wurde **Klagenfurt** von Kaiser Maximilian I. den Kärntner Ständen geschenkt und zur Hauptstadt des Herzogtums erhoben.

Der Mittelpunkt von Klagenfurt ist der **"Neue Platz"** mit dem bekannten Wahrzeichen, dem Lindwurmbrunnen, der an die Sage über die Stadtgründung erinnert. In nächster Nähe befindet sich auch das **Landhaus,** der Sitz des Kärntner Landtages, mit seinem berühmten **Wappensaal.**

Capital city of Carinthia (87,000 inhabitants), it is situated on the western point of the Woerthersee, to which it is connected by the Lendkanal. The settlement, founded in 1181 at the site of a ford over the Glan, became a city in 1252. In 1518 **Klagenfurt** was donated by the Emperor Maximilian I to the Carinthian states and nominated capital of the Duchy.

The centre of Klagenfurt is the **"Neue Platz"** (New Square) with the famous symbol, the dragon fountain, which recalls the legend of the foundation of the city. Nearby, too, is the **Landhaus** (Villa), seat of the government of Carinzia, with the famous **Heraldic Room.**

Capoluogo della Carinzia (87.000 abitanti), è situata sulla punta occidentale del Woerthersee, al quale è collegata attraverso il Lendkanal. L'insediamento fondato nel 1181 in corrispondenza di un guado sul Glan si trasformò in città nel 1252. Nel 1518 **Klagenfurt** fu donata dall'imperatore Massimiliano I agli stati carintici e nominata capitale del ducato.

Il centro di Klagenfurt è la **"Neue Platz"** ("Piazza Nuova") con il noto simbolo, la fontana del dragone, che ricorda la leggenda della fondazione della città. Nelle vicinanze si trova anche la **Landhaus** (Villa) sede della dieta della Carinzia, con la famosa **Sala Araldica.**

Bild 1: Lendkanal mit Steinerner Brücke
Bild 2: Klagenfurter Dom
Bild 3: Landhaus
Bild 4: Alter Platz
Bild 5: Wappensaal im Landhaus
Bild 6: Lindwurmbrunnen am Neuen Platz

Photo 1: The Lendkanal with the stone bridge
Photo 2: Klagenfurt Cathedral
Photo 3: Parliament
Photo 4: Old Square
Photo 5: Heraldry room in the Landhaus
Photo 6: Dragon Fountain in New Square

Foto 1: Il Lendkanal con il ponte di pietra
Foto 2: Il Duomo di Klagenfurt
Foto 3: Parlamento
Foto 4: Piazza Vecchia
Foto 5: La sala araldica nella Landhaus
Foto 6: La Fontana del Dragone nella Piazza Nuova

4

5

1 · ROSENTAL

Der wirtschaftiche Mittelpunkt des **Rosentales** und zugleich die südlichste Stadt Österreichs ist **Ferlach,** wo seit Jahrhunderten Jagdwaffen hergestellt werden. Im **Büchsenmachermuseum** finden sich zahlreiche Zeugnisse dieser durch die nahen Eisenerzvorkommen begünstigten Tradition. Sehenswert ist außerdem die barocke **Pfarrkirche** mit ihren vier Rokokoaltären.
Erholungssuchende finden von Ferlach aus zahlreiche Wandermöglichkeiten in den Karawanken oder im Gebiet der **Sattnitz.** Ein besonderes Erlebnis ist eine Wanderung durch die wildromantische **Tscheppaschlucht** mit dem **Tschaukowasserfall.**

Centre of the **Rosental** and the most southern Austrian city, **Ferlach** has been known for centuries for its production of hunting arms. In the **Buechsenmachermuseum** (Armourers' Museum) numerous evidence of this traditon is to be found, favoured by the nearby deposits of ferrous material. Also worthy of note is the **baroque parish church** enriched by four rococo altars.
For lovers of tranquillity, Ferlach offers a number of hiking expeditions in the Karawanken mountains or in the **Sattnitz** region. For those who are looking for something different, a walk through the romantic **Tscheppaschlucht** to admire the **Tschaukowasserfall,** a beautiful waterfall, is recommended.

Centro della **Rosental** e città austriaca più meridionale, **Ferlach** è nota da secoli per la produzione di armi da caccia.
Nel **Buechsenmachermuseum** (Museo degli Armaioli) si trovano numerose testimonianze di questa tradizione, favorita dai vicini giacimenti di materiali ferrosi. Degna di nota è anche la **chiesa parrocchiale barocca**, arricchita da quattro altari rococo.
Agli amanti della tranquillità Ferlach offre numerose possibilita escursionistiche sui Karawanken o nella regione di **Sattnitz.**
A chi desidera vivere un'esperienza particolare si consiglia di passeggiare attraverso il romantico **Tscheppaschlucht** ed ammirare la cascata **Tschaukowasserfall.**

Bild 1: Ferlach mit Koschuta
Bild 2: Tschauko-Wasserfall

Photo 1: Ferlach with Koschuta
Photo 2: The Tschauko falls

Foto 1: Ferlach con Koschuta
Foto 2: La cascata Tschauko

1

2

2·SÜDKÄRNTEN

Klopeiner See und Turnersee

In der Umgebung von Völkermarkt liegt unter anderem der idyllische **Klopeiner See,** mit einer Wassertemperatur von bis zu 28 °C einer der wärmsten Badeseen Österreichs.

Not far from Voelkermarkt, among other attractions, the idyllic **Klopeiner See** (Lake Klopein) is to be found. With a temperature which reaches 28 °C, it is one of the wammest lakes for bathing in Austria.

Nelle vicinanze di Voelkermarkt si trova tra l'altro l'idillico **Klopeiner See** (Lago di Klopein) che, con una temperatura che raggiunge i 28 °C, rappresenta uno dei laghi balneabili più caldi dell'Austria.

Bild 1: Klopeiner See
Bild 2: Turnersee (kleiner Badesee südlich des
Klopeiner Sees)
Bild 3: Feuerwerk am Klopeiner See

Photo 1: Klopeiner See
Photo 2: Turnersee (a small bathing lake to
the south of Klopeiner See)
Photo 3: Firework display on Klopeiner See

Foto 1: Klopeiner See
Foto 2: Turnersee (piccolo lago balneabile a
sud del Klopeiner See)
Foto 3: Spettacolo pirotecnico sul Klopeiner See

Völkermarkt

Eine der ältesten Städte Kärntens ist das auf einer Schotterterrasse der Drau liegende **Völkermarkt** (11.000 Ew.).

On a rubble terrace formed by the Drau stands **Voelkermarkt** (11,000 inhabitants), one of the oldest cities in Carinthia.

Su una terrazza di pietrisco formata dal Drau sorge **Voelkermarkt** (11.000 abitanti) una delle città più antiche della Carinzia.

4

Bild 1: Völkermarkt
Bild 2: Gipfel des Hochobir (2141 m)
Bild 3: Wildensteiner Wasserfall (54 m Fallhöhe)
Bild 4: Petzen-Lift (2114 m)
Bild 5: Stift Eberndorf (12. Jhdt.)
Bild 6: Bad Eisenkappel mit Steiner Alpen

Photo 1: Voelkermarkt
Photo 2: The summit of Mount Hochobir (2141 m)
Photo 3: The Wildensteiner falls (fall height 54 m)
Photo 4: Petzen-Lift (2114 m)
Photo 5: Ebendorf Monastery (12th century)
Photo 6: Bad Eisenkappel with the Steiner Alpen

Foto 1: Voelkermarkt
Foto 2: La vetta dell'Hochobir (2141 m)
Foto 3: La cascata Wildensteiner (altezza di caduta 54 m)
Foto 4: Petzen-Lift (2114 m)
Foto 5: Il Convento di Eberndorf (12° secolo)
Foto 6: Bad Eisenkappel con le Steiner Alpen

5

6

3·VILLACH

Mit ihren 53.000 Einwohnern ist **Villach** die zweitgrößte Stadt Kärntens. Inmitten des Kärntner Seengebietes gelegen, ist Villach als Kongreßstadt und Kurzentrum weitum bekannt. Schon die Römer bauten hier im I . Jahrhundert n.Chr. eine Brücke über die Drau, in deren Nähe sich bald eine Siedlung entwickelte. Zwischen 1060 und 1759 gehörte Villach dem fränkischen Bistum Bamberg, und erst unter Maria Theresia kam die Stadt samt ihrem Umland zu Österreich zu einem Zeitpunkt, alsVillach längst zum wirtschaftlichen und kulturellen Zentrum Kärntens aufgestiegen war.
Obwohl Villach während des Zweiten Weltkrieges stark bombardiert wurde, blieben zahlreiche schöne Renaissancebauten, wie etwa der **Paracelsushof** am Hauptplatz, bis heute erhalten. Ebenfalls am **Hauptplatz** steht die gotische **Stadtpfarrkirche St. Jakob** mit ihrem 95 Meter hohen Turm.

With its 53,000 inhabitants, **Villach** is the second-largest city in Carinthia. Situated at the centre of the Carinthian lake district, Villach is a centre for congresses and art. The Romans, as long ago as the I st century A.D., built a bridge on the Drau, near which a settlement was not long in establishing itself. Between 1060 and 1759, Villach belonged to the Frankish episcopate of Bamberg, the city and the surrounding land only passing to Austrian rule under Maria Teresa, when Villach was already established as the cultural and economic centre of Carinthia.
Despite the serious bombing suffered during the Second World War, Villach still conserves numerous prized Renaissance buildings, such as the **Paracelsushof** in the **Hauptplatz** (Main Square), which can still be admired today. Also in the Hauptplatz is the **Gothic parish church of St. Jakob** whose belltower reaches a height of 95 metres.

Con i suoi 53.000 abitanti, **Villach** rappresenta la seconda città della Carinzia in ordine di grandezza. Situata al centro della regione carintica dei laghi, Villach è nota come centro congressi e centro artistico. Già i Romani vi edificarono nel I secolo d.C. un ponte sul Drau, in prossimità del quale si sviluppò ben presto un insediamento. Tra il 1060 ed il 1759, Villach apparteneva all'episcopato franco di Bamberg, e solo sotto Maria Teresa la città ed il territorio circostante passarono all'Austria - quando Villach era ormai diventata da tempo centro economico e culturale della Carinzia.
Nonostante i gravi bombardamenti subiti nel corso della Seconda Guerra Mondiale, Villach conserva numerosi pregevoli edifici rinascimentali, come il **Paracelsushof** nella **Hauptplatz** (piazza principale), che si può ammirare anche ai giorni nostri. Sempre nella piazza principale sorge la **chiesa parrocchiale gotica di St. Jakob,** il cui campanile raggiunge l'altezza di 95 metri.

Bild 1: Blick über Villach von der Gerlitzen
Bild 2: Villach, Hauptplatz
Bild 3: Villacher Kirchtag
Bild 4: Drau-Promenade

Foto 1: Vista su Villaco da Gerlitzen
Foto 2: Villaco, Piazza principale
Foto 3: Giorno di festa a Villaco
Foto 4: Promenade lungo la Drava

Photo 1: View of Villaco from Gerlitzen
Photo 2: Villaco, main square
Photo 3: Festival time in Villaco
Photo 4: Promenade by the Drava

1

Warmbad Villach

Das größte Kurzentrum Kärntens, **Warmbad Villach,** liegt 3 km südlich von Villach. Hier laden *Thermal-Hallenbäder* und drei *Thermal-Freibäder,* die auch im Winter geöffnet sind, zum Kuraufenthalt ein. Die 30 °C warmen Quellen sind - wie römische Opfersteine beweisen - bereits seit 2000 Jahren bekannt

Three kilometers to the south of Villach is the main health retreat of Carinzia, **Warmbad Villach.** Themmal baths, *covered swimming pools* and *three free thermal spas,* open in winter too, offer a relaxing and peaceful sojourn. The hot springs, which reach a temperature of 30 °C, were already known of 2000 years ago, as is witnessed by the sacrificial altars.

Tre chilometri a sud di Villach sorge il principale centro di riposo della Carinzia, **Warmbad Villach.** *Bagni termali, piscine coperte e tre bagni termali liberi,* aperti anche durante l'invemo, invitano a trascorrervi piacevoli soggiorni di riposo. Le calde sorgenti, che raggiungono una temperatura di 30 °C, erano gia conosciute 2000 anni fa, come testimoniano le are sacrificali.

Bild 1: Erlebnistherme
        Warmbad Villach
Bild 2: Römerweg

SEITE 29:
Bild 3: Dreiländereck
        (Österreich-Italien-
        Slowenien)
Bild 4: Bad Bleiberg
Bild 5: Kristallbad, Bad
        Bleiberg
Bild 6: Dobratsch (2167 m)

Photo 1: Villaco spa
Photo 2: Römerweg

PAGE 29:
Photo 3: The Triangle
         (Austria, Italy and
         Slovenia)
Photo 4: Bad Bleiberg
Photo 5: Kristallbad, Bad
         Bleiberg
Photo 6: Dobratsch (2167 m)

Foto 1: Le terme di Villaco
Foto 2: Römerweg

PAGINA 29:
Foto 3: Il Triangolo (Austria-
        Italia-Slovenia)
Foto 4: Bad Bleiberg
Foto 5: Kristallbad, Bad
        Bleiberg
Foto 6: Dobratsch (2167 m)

Villacher Alpe - Bad Bleiberg

Von **Villach** aus erreicht man über die Villacher Alpenstraße bequem das Wander-und Schigebiet **"Villacher Alpe"** mit dem 2167 m Hohen **Dobratsch.** Nördlich davon liegt der alte Bergbauort **Bad Bleiberg,** der heute dank der ausgezeichneten Thermalquellen ein beliebter Kurort ist. Seit kurzem sorgt das Schaubergwerk **"Terra Mystica"** für eine weitere Attraktion.

From **Villach,** taking a road to the north of the **Villacher Alpe** (the mountain of Villach), it is possible to reach the ancient mining village (for lead and zinc) of **Bad Bleiberg,** which enjoys a high reputation both as a thermal spa and as a base for hiking on the **Dorbratsch** (2167 m), the highest peak in the Villach Alps.
Recently the **"Terra Mystica"** observation point has been adaled as a further attraction.

Da **Villach,** imboccando una stradina a nord della **Villacher Alpe** (Alpe di Villach), è possibile raggiungere l'antico villaggio minerario (piombo/ zinco) di **Bad Bleiberg,** che gode di un'ottima fama sia come bagno termale che come punto di partenza per escursioni montane sul **Dobratsch** (2167 m), la cima piu elevata della Villacher Alpe.
Da poco tempo il punto d'osservazione **"Terra Mystica"** offre un'ulteriore attrattiva.

3

4

5

3·FAAKER SEE

Nur wenige Kilometer von **Villach** entfernt liegt der 2,2 km große und bis zu 30 m tiefe **Faaker See** vor der eindrucksvollen Bergkulisse der Karawanken am Fuße des 2143 m hohen **Mittagskogels.** Am Ostufer dieses beliebten Badesees befinden sich mehrere große Campingplätze und bei **Faak** im Süden, das dem ganzen See den Namen gab, locken gleich sieben Strandbäder zum Wassersport. Von Faak aus führt ein lohnender Abstecher zur Ruine der im 12. Jahrhundert errichteten Burg **Alt-Finkenstein,** in der Kaiser Maximilian im 15. Jahrhundert aufwuchs.

A few kilometres from **Villach** is **Lake Faaker,** which extends over an area of 2.2 sq. kms. and reaches a depth of 30 metres, crowned by the striking backdrop of the Karawanken mountains. The lake is at the foot of the **Mittagskogel,** which goes up to a height of 2143 metres. The western shore of this lake, well-known for bathing, is surrounded by numerous campsites and to the south, in **Faak,** the town from which the lake takes its name, as many as seven lidos provide for the practice of water sports. From Faak, an interesting route leads to the ruins of the castle of **Alt-Finkenstein,** erected in the 12th century and where, in the 15th century, the Emperor Maximilian grew up.

A pochi chilometri da **Villach** si trova il **Faaker See,** che si estende per 2,2 km² e raggiunge una profondità di 30 m, coronato dall'impressionante sfondo montano dei Karawanken, ai piedi del **Mittagskogel,** che raggiunge i 2143 m di altezza. La sponda orientale di questo noto lago balneabile è costellata da numerosi campeggi e a sud, presso **Faak,** località da cui il lago prende il nome, ben sette lidi invitano alla pratica degli sport acquatici.
Da Faak, un interessante percorso conduce alle rovine del castello di **Alt-Finkenstein,** eretto nel XII secolo, nel quale crebbe nel XV secolo l'imperatore Massimiliano.

Bild 1: Mittagskogel (2143 m)
Bild 2: Burg Alt-Finkenstein
Bild 3: Altar in der Kirche von Maria Gail
Bild 4: Feriendorf Schönleitn, Obereichwald

Photo 1: Mittagskogel (2143 m)
Photo 2: Alt-Finkenstein Castle
Photo 3: Altar of the Church of Maria Gail
Photo 4: Schönleitn holiday village, Obereichwald

Foto 1: Mittagskogel (2143 m)
Foto 2: Il castello di Alt-Finkenstein
Foto 3: Altare della Chiesa di Maria Gail
Foto 4: Villaggio vacanze Schönleitn, Obereichwald

3·OSSIACHER SEE

Der drittgrößte Badesee Kärntens ist der **Ossiacher See** zwischen der Gerlitzenalpe im Norden und den **Ossiacher Tauern** im Süden.

Der 11 km lange und 1,6 km breite See ist bis zu 47 m tief, an seinem Ufer befinden sich gleich mehrere Badeorte: Ganz im Westen liegt **St. Andrä,** heute ein Ortsteil von Villach. Bei **Annenheim** in Nordwesten befindet sich die Talstation der Kanzelbahn.

Weitere Badeorte am Nordufer des Sees sind **Sattendorf, Bodensdorf** und **Steindorf** im Osten, der Hauptort **Ossiach** liegt am Südufer.

This lake bathing resort is the third largest in Carinthia, lying between the **Gerlitzenalpe** to the north and the **Ossiacher Tauer** mountains to the south. The lake, which is 11 km. long and 1.6 km. wide, reaches a depth of 47 m. and is dotted with numerous bathing resorts. To the west is **St Andrea,** a district of Villach. Near **Annenheim,** to the north-west, is the valley railway station for the Kanzelbahn. Other bathing resorts along the north bank of the lake are **Sattendorf, Bodendorf and Steindorf,** to the east, while the main town **Ossiach** is to the south.

Terzo lago balneabile della Carinzia in ordine di grandezza, l'**Ossiacher See** si estende tra la **Gerlitzenalpe** a nord e gli Ossiacher Tauer (Tauri di Ossiach) a sud. Il lago, lungo 11 km e largo 1,6 km, raggiunge una profondità di 47 m ed è costellato da numerose località balneari. Ad ovest si trova **St. Andrä,** attuale frazione di Villach.

Presso **Annenheim,** a nord-ovest, si trova la stazione a valle della ferrovia Kanzelbahn. Altre località balneari che sorgono lungo la sponda orientale del lago sono **Sattendorf, Bodensdorf** e **Steindorf,** mentre il capoluogo **Ossiach** si trova a sud.

Bild 1: Blick von der Gerlitzen auf Kanzelhöhe,
*   Villach und die Julischen Alpen*
Bild 2: Stiegl am Ossiacher See
Bild 3: Ossiach und Bodensdorf
Bild 4: Kanzelbahn

Photo 1: View of Kanzelhöhe, Villaco and the
*   Julian Alps from Gerlitzen*
Photo 2: Stiegl on the Ossiacher See
Photo 3: Ossiach and Bodensdorf
Photo 4: Kanzelbahn

Foto 1: Vista da Gerlitzen su Kanzelhöhe, Villaco
*   e le Alpi Giulie*
Foto 2: Stiegl sull'Ossiacher See
Foto 3: Ossiach e Bodensdorf
Foto 4: Kanzelbahn

1

4

Ossiach - Feldkirchen - Landskron

Ossiach

In der Gemeinde **Ossiach** liegt, in einem weitläufigen Park nahe am See, Kärntens älteste Benediktinerabtei: Sie wurde 1024 gegründet und 1783 von Kaiser Josef II. aufgelöst. In der ehemaligen Stiftskirche finden sich prächtige Spätbarock-Stukkaturen und Fresken aus der Mitte des 18. Jahrhunderts. In der Stiftskirche finden alljährlich Konzerte und Aufführungen des *Carinthischen Sommers* statt, des bekannten internationalen Musikforums.

In the town of **Ossiach**, in a large park near the lake, is the oldest Benedictine abbey in Carinthia, founded in 1024 and disbanded in 1783 by Emperor Josef II. In the ex-church, adorned with extraordinary stuccos and late-Baroque frescoes dating back to the mid-18th century, concerts and organized events take place for the *Carinthian Summer*, the well-known international musical forum.

Nel comune di **Ossiach**, in un ampio parco situato in prossimità del lago, sorge l'abbazia benedettina più antica della Carinzia, fondata nel 1024 e sciolta nel 1783 dall'imperatore Giuseppe II. Nella ex-chiesa, adornata da straordinari stucchi ed affreschi tardo-barocchi, risalenti alla metà del XVIII secolo, si svolgono durante l'anno concerti e manifestazioni organizzati per l'*Estate Carintica*, il noto foro musicale internazionale.

Feldkirchen

Die Straße vom **Ossiacher See** nach **Klagenfurt** führt durch die Gemeinde **Feldkirchen**, die sich - wie Villach - jahrhundertelang im Besitz Bambergs befand. Sehenswert sind hier der spätgotische *Amtshof* und die romanische Pfarrkirche *Maria Himmelfahrt*.

The road which, from **Lake Ossiach**, goes to **Klagenfurt** passes through the district of **Feldkirchen**, for centuries the property of Bamberg, as was Villach. Worthy of note are the late-Gothic feudal courtyard and the Romanic parish church of *Maria Himmelfahrt*.

La strada che dall'**Ossiacher See** conduce a **Klagenfurt** attraversa il comune di **Feldkirchen**, rimasto per secoli, come Villach, proprietà di Bamberg. Degni di nota sono il cortile feudale tardo gotico e la chiesa parrocchiale romanica *Maria Himmelfahrt*.

Landskron

Die Burgruine **Landskron**, in 677 m Höhe oberhalb des Ortes **St. Andrä** am Ossiacher See gelegen, bietet einen herrlichen Ausblick über den ganzen See, aber auch einen Eindruck von der früheren Pracht des einstigen Renaissanceschlosses, das im 16. Jahrhundert seine Blüte erlebte.

The ruins of **Landskron**, situated at a height of 677 metres above the town of **St. Andrae**, on the shore of Lake Ossiach, offer a marvellous view of the whole lake and a glimpse of the past splendour of the Renaissance castle which lived its brightest moments in the 16th century.

Le rovine di **Landskron**, situate a quota.677, sopra la località di **St. Andrä**, sulla sponda dell'Ossiacher See, offrono uno stupendo panorama dell'intero lago ed un quadro del passato splendore dell'ex castello rinascimentale, che visse il suo momento di maggiore fulgore nel XVI secolo.

Bild 1: Burgruine Landskron
Bild 2: Feldkirchen
Bild 3: Amtshof, Feldkirchen
Bild 4: Stiftskirche Ossiach
Bild 5: Stift Ossiach

Foto 1: Rovine del castello di Landskron
Foto 2: Feldkirchen
Foto 3: Amtshof, Feldkirchen
Foto 4: Collegiata di Ossiach
Foto 5: Convento di Ossiach

Photo 1: The ruins of Landskron Castle
Photo 2: Feldkirchen
Photo 3: Amtshof, Feldkirchen
Photo 4: Ossiach Collegiate Church
Photo 5: Ossiach Monastery

2 3

5

Gailtal

Im Südwesten Kärntens liegt, eingebettet zwischen den **Gailtaler** und den **Karnischen Alpen** das **Gailtal** mit dem Hauptort **Hermagor** (7.200Ew.)mit dem nahegelegenen **Pressegger See**. Von Hermagor aus führt die Paßstraße zur **Sonnenalpe Naßfeld**, einem der größten Schizentren Kärntens. In dieser Gegend blüht auch allsommerlich die **Wulfenia**, eine botanische Einmaligkeit Europas.

In the south-west region of Carinthia, set between the **Gailtaler** and the **Carinthian Alps,** is the Gailtal, whose principal town is **Hermagor** (7,200 inhabitants), near Lake Pressegg. From Hermagor, the road across the pass leads into Italy, through **Sonnenalpe Nassfeld,** one of the major ski resorts in Carinthia. In summer this region sees the flowering of the **Wulfenia,** the only place in the whole of Europe.

Nella regione sud-occidentale della Carinzia, adagiata tra le **Gailtaler** e le Alpi **Carintiche,** è situata la **Gailtal,** la cui località principale è Hermagor (7.200 abitanti), in prossimità del **Pressegger See** (lago di Pressegg). Da **Hermagor,** la strada del passo conduce in Italia, attraverso **Sonnenalpe Nassfeld,** uno dei maggiori centri sciistici della Carinzia. In questa regione fiorisce in estate la **Wulfenia**, una singolarità botanica d'Europa.

Bild 1: Pressegger See
Bild 2: Innenhof, Hermagor
Bild 3: Hermagor

Photo 1: Pressegger See
Photo 2: Inner courtyard, Hermagor
Photo 3: Hermagor

Foto 1: Pressegger See
Foto 2: Cortile interno, Hermagor
Foto 3: Hermagor

Sonnenalpe Naßfeld

Bild 4: Kirche am Grenzübergang nach Italien
Bild 5: Wulfenia
Bild 6: Egger Alm (1416 m)
Bild 7: Garnitzenklamm

Photo 4: Church on the Italian border
Photo 5: Wulfenia
Photo 6: Egger Alm (1416 m)
Photo 7: Garnitzenklamm

Foto 4: Chiesa al passaggio del confine con l'Italia
Foto 5: Wulfenia
Foto 6: Egger Alm (1416 m)
Foto 7: Garnitzenklamm

5

6

Sonnenalpe Naßfeld

Bild 1: Schigebiet Sonnenalpe Naßfeld mit
        Gartnerkofel (2195 m)
Bild 2: Wandergebiet Sonnenalpe Naßfeld mit
        Trogkofel (2279 m)
Bild 3: Weißensee

Photo 1: Sonnenalpe Naßfeld skiing region with
         Gartnerkofel Peak (2195 m)
Photo 2: Sonnenalpe Naßfeld hiking region with
         Trogkofel Peak (2279 m)
Photo 3: Weißensee

Foto 1: La regione sciistica Sonnenalpe Naßfeld
        con la cima Gartnerkofel (2195 m)
Foto 2: La regione meta di escursioni Sonnenalpe
        Naßfeld con la cima Trogkofel (2279 m)
Foto 3: Weißensee

Weißensee

Weißensee (920m). Der unter Naturschutz stehende 12 km lange Badesee ist ein Geheimtip für Natur- und Erholungssuchende. Im Winter ist der See eine riesige Eisfläche auf der sich Jung und Alt vergnügt. Auf den umliegenden Bergen genießt man Wandern und Schifahren.

Weißensee (920m). This 12km-long lake is suitable for swimming, is protected by environmental laws and is reserved for those in search of nature and rest. In winter, the lake is covered in a layer of ice to the great joy of old and young alike. The surrounding mountains are ideal for long walks or skiing.

Weißensee (920 mt.). Questo lago balneabile, lungo 12 km è protetto dalle leggi ambientali e riservato a coloro che cercano natura e riposo. In inverno il lago si copre di una lastra di ghiaccio per la gioia dei grandi e dei più piccoli. Sulle montagne che lo circondano si possono fare lunghe passeggiate o darsi allo sci.

Kötschach - Mauthen

Kötschach - Mauthen (707m) ein beliebtes Erholungs- und Wintersportzentrum zwischen dem oberen Gailtal und Lesachtal.
Ausgangspunkt für Wanderungen und Bergtouren

Kötschach - Mauthen (707m). A particularly popular ski and holiday resort between the high Gail valley and the Lesach valley, it is a starting point for walks and trekking.

Kötschach - Mauthen (707 mt.). Stazione di sci e zona di villeggiatura particolarmente gradita situata fra l'alta valle Gail e la valle Lesach.
Punto di partenza per passeggiate e trekking.

Maria Luggau

Maria Luggau (1180 m) Über das Lesachtal erreicht man den beliebten Wallfahrtsort Maria Luggau. Ziel vieler Menschen verschiedener Sprachgruppen ist das seit dem Jahre 1513 bestehende Marienheiligtum. Das Servitenkloster (seit 1635) beherbergt seit 1989 auch das Bildungshaus Oberkärnten.

Maria Luggau (1180 m). Popular place of pilgrimage accessible from the Lesach Valley. This holy place, dedicated to Mary in 1513, is visited by many believers from a variety of linguistic backgrounds. The cloister of the Servants of Mary (from 1635) has been home to the private institute of Upper Carinthia since 1989.

Maria Luggau (1180 mt.). Luogo di pellegrinaggio particolarmente gradito raggiungibile dalla valle Lesach. Questo luogo sacro, dedicato a Maria dal 1513, è visitato da numerosi fedeli appartenenti a svariati gruppi linguistici.Il Chiostro dei Servi di Maria (dal 1635) ospita dal 1989 l'Istituto privato dell'Alta Carinzia.

Bild 1: Kötschach-Mauthen
Bild 2: Wolayer See (1960 m)

Photo 1: Kötschach-Mauthen
Photo 2: Wolayer See (1960 m

Foto 1: Kötschach-Mauthen
Foto 2: Wolayer See (1960 m)

Heiligenblut

In "Österreichs schönstem Bergdorf" **Heiligenblut** (1301 m) lohnt ein Besuch der 1491 fertiggestellten gotischen Landkirche, die vom Großglockner überragt wird.

In **Heiligenblut**, the "most beautiful mountain village in Austria", a vist to its Gothic church dating back to 1491 is raccomanded.

Ad **Heiligenblut**, il "più bel villaggio montano dell'Austria", si consiglia una visita alla chiesa gotica risalente al 1491.

Bild 1: Die Heiligenbluter Trachtenfrauen am Weg zur Kräuterweihe
Bild 2: Bergsteigergrab (Die Opfer der Berge sind im eisernen Buch des Bergsteigergrabes verzeichnet)
Bild 3: Bergfriedhof Heiligenblut
Bild 4: Flügelaltar aus der Schule Michael Pachers in der gotischen Wallfahrtskirche zum Heiligen Vinzenz

Photo 1: Procession of women wearing Heiligenblut folk costume
Photo 2: The Climbers' Sepulchre (the names of those killed in climbing accidents are engraved in the iron book of the Climbers' Sepulchre)
Photo 3: Heiligenblut Mountain Cemetery
Photo 4: Triptych of the Michael Pacher school in S. Vincent's Sanctuary

Foto 1: Processione di donne con il costume folcloristico di Heiligenblut
Foto 2: Il Sepolcro degli Scalatori (I nomi delle vittime della montagna sono incisi nel libro di ferro del Sepolcro degli Scalatori)
Foto 3: Il Cimitero della Montagna di Heiligenblut
Foto 4: Trittico della scuola di Michael Pacher nel santuario di San Vincenzo

4

2

Großglockner-Hochalpenstraße

Der **Großglockner** ist der Gipfel der Ostalpen und zugleich Österreichs höchster Berg - 3798 Meter Urgestein und Eis. Wer hier auf der **Franz-Josefs-Höhe** den Blick umherschweifen läßt, wird überwältigt sein vom Anblick des Gletschereises der *Pasterze*, der Schneefelder, des Felses und des Gipfelkreuzes. Allein das Eis der *Pasterze* ist 10 km lang und 150 m dick.
Ein zweites Wunder läßt uns diesen Anblick erleben: Die Großglockner-Hochalpenstraße, vielbestauntes Meisterwerk der Straßenbaukunst zwischen **Heiligenblut** in Kärnten und **Fusch** im Salzburgischen.

The **Grossglockner** is the highest summit of the Western Alps, not to say the highest peak in Austria - 3798 metres of primitive rock and ice.
Those who linger to observe the **Franz-Josefs-Höehe** will find themselves enchanted by the view of the *Pasterze* glacier, the snow-fields, the rocks and the cross which rises from the peak. The ice of *Pasterze* extends for 10 km reaching a thickness of 150 metres.
But there is another sight which arouses the same degree of wonder: it is the Grossglockner-Hochalpenstrasse, the high Alpine road of the Grossglockner, an incredible masterpiece of road engineering running from **Heiligenblut** in Carinthia to **Fusch** in the region of Salzburg.

Il **Grossglockner** è la vetta delle Alpi Orientali, nonché la cima più elevata dell'Austria - 3798 metri di roccia primitiva e ghiacci. Coloro che si soffermano ad osservare la **Franz-Josefs-Hoehe** rimarranno conquistati dalla vista del ghiacciaio *Pasterze*, dei nevai, delle rocce e della croce che si erge sulla vetta. I ghiacci del *Pasterze* si estendono di per sé per 10 km, raggiungendo uno spessore di 150 m. Ma ecco che una seconda meraviglia appare ai nostri occhi: la Grossglockner-Hochalpenstrasse (strada alto-alpina del Grossglockner), stupefacente capolavoro dell'edilizia stradale, realizzata tra **Heiligenblut** in Carinzia e **Fusch** nella regione di Salisburgo.

Bild 1: 2 erwachsene Murmeltiere überblicken ihre Umgebung
Bild 2: Steinböcke im Schutzgebiet Gamsgrube
Bild 3: Glocknermassiv (3798 m) mit Pasterzengletscher
Bild 4: Wilhelm Swarovsky-Beobachtungswarte im Nationalpark Hohe Tauern

Photo 1: Two adult marmots take a look around
Photo 2: Ibex in the Gamsgrube nature reserve
Photo 3: The Glockner massif (3798 m) with the Pasterzen glacier
Photo 4: Wilhelm Swarovsky Observatory in the Upper Taurus national park

Foto 1: Due marmotte adulte si guardano attorno
Foto 2: Esemplari di stambecchi nella regione protetta della Gamsgrube
Foto 3: Il massiccio Glockner (3798 m) con il ghiacciaio Pasterzen
Foto 4: Osservatorio Wilhelm Swarovsky nel parco nazionale degli Alti Tauri

5 · MÖLLTAL

Kurz vor der Einmündung der Möll in die Drau befindet sich die Talstation der **Reißeck-Bahn**, die in drei Abschnitten bis zum **Großen Mühldorfer Stausee** (2320m) fährt.

Die Fahrt mit der höchstgelegenen Privatbahn Europas durch die vielen Tunnels ist schon ein Erlebnis für sich - der herrliche Rundblick von der Bergstation oder vom 2250 Meter hoch gelegenen Berghotel ist nicht weniger beeindruckend. Touristen mit großer Bergerfahrung können von hier das *Dach des Mölltales*, den **Großen Reißeck** (2965m), besteigen.

Am Fuße des Reißeck, nahe der Ortschaft **Obervellach**, steht **Burg Falkenstein**, die vor allem wegen ihres hohen Wehrturmes auffällt. Unweit davon stand früher die mächtige **Burg Niederfalkenstein,** von der aber heute nur noch die auf einem steilen Felsen liegenden Ruinen übrig sind.

Just before the point where the Moell flows into the Drau is the valley station of the **Reißeck-Bahn** (the Reißeck railway).

The railway runs in three sections as far as the lake at 2320 metres, the **Großen Muehldorfer Stausee.** To take a trip on the highest private railway in Europe, through four tunnels, is in itself a thrill, but the marvellous view from the station at the top or from the hotel at 2250 metres is no less a wonder. From here the more expert climbers may tackle the *peak of the Moelltal*, the **Großen Reißeck** (2965 metres).

At the foot of the Reißeck, near the town of **Obervellach** is the Burg Falkenstein (Falkenstein Castle). The castle makes an immediate impression with its high military tower. Not far from here are the ruins of the once-imposing **Burg Niederfalkenstein** (Niederfalkenstein Castle), cut unevenly into the steep rocks.

Poco prima dello sbocco del Moell nel Drau sorge la stazione a valle della **Reißeck-Bahn** (ferrovia del Reißeck) che conduce, in tre tratti, fino al lago **Großen Muehldorfer Stausee** (2320 m).

Viaggiare con la ferrovia privata più alta d'Europa, attraverso quattro gallerie, rappresenta già di per sè un'esperienza e il grandioso panorama che si può godere dalla stazione a monte o dall'hotel situato a quota 2250 m non è certo da meno. Da qui, gli alpinisti più esperti possono scalare il *Tetto della Moelltal*, il **Großen Reißeck** (2965 m). Ai piedi del Reißeck, in prossimita della località **Obervellach,** sorge il **Burg Falkenstein** (castello di Falkenstein) che si impone immediatamente per la sua alta torre militare. Poco lontano da qui si ergeva in passato l'imponente **Burg Niederfalkenstein** (Castello di Niederfalkenstein), del quale oggi restano tuttavia solo le rovine che si stagliagliano sulla roccia.

Bild 1: Raggaschlucht bei Flattach
Bild 2-3-4: Schigebiet Mölltaler Gletscher

Photo 1: Raggaschlucht near Flattach
Photos 2-3-4: Mölltaler Gletscher skiing region

Foto 1: La Raggaschlucht presso Flattach
Foto 2-3-4: Regione sciistica Mölltaler Gletscher

SEITE 47
Bild 1: Greifenburg
Bild 2: Rafting
Bild 3: Oberdrauburg

PAGE 47
Photo 1: Greifenburg
Photo 2: Rafting
Photo 3: Oberdrauburg

PAGINA 47
Foto 1: Greifenburg
Foto 2: Rafting
Foto 3: Oberdrauburg

Greifenburg und Oberdrauburg

GREIFENBURG wird auch das "Herz des oberen Drautals" genannt. Von hier aus führt eine Verbindungsstraße zum Westufer des Weißensees und weiter über das Gitschtal bis Hermagor.

GREIFENBURG is known as the "heart of the Upper Drava Valley". From here a link road leads to the west bank of the Weißensee and continues across the Gitschtal to Hermagor.

GREIFENBURG è noto anche come il "cuore della Valle della Drava superiore". Da qui una strada di collegamento conduce fino alla sponda occidentale del Weißensee proseguendo attraverso la Gitschtal fino ad Hermagor.

OBERDRAUBURG ist eine aus dem 13. Jhdt. stammende Siedlung. Von Oberdrauburg führt eine Verbindungsstraße über den Gailbergsattel nach Kötschach-Mauthen.

OBERDRAUBURG is a settlement dating from the 13th century. From Oberdrauburg a link road crosses the Gailberg Pass and leads to Kötschach-Mauthen.

OBERDRAUBURG è un insediamento risalente al XIII secolo. Da Oberdrauburg una strada di collegamento attraversa il passo della Gailberg raggiungendo Kötschach-Mauthen.

6 · LIESER -

Gmünd - Katschberg

Wo die Flüsse Malta und Lieser zusammenfließen, liegt die Gemeinde **Gmünd**, die dank ihrer Stadtmauer mit den vier Toren noch heute ein mittelalterliches Stadtbild aufweist. Nördlich von Gmünd führt die *Tauernautobahn* über den **Katschbergpaß** nach Salzburg, die **Katschberg-höhe** (1640 m) selbst ist ein beliebtes Schigebiet.

At the meeting point of the Malta and Lieser rivers is the borough of **Gmuend** (2,600 inhabitants) which, with its walls and four towers, still today has the appearance of a mediaeval town. To the north of Gmuend the *Tauernautobahn* (the Tauern motorway) connects with Salzburg through the **Katschberg Pass. Katschberghoehe,** at 1640 metres, is a well-known region for skiing.

Nel punto di confluenza dei fiumi Malta e Lieser sorge il comune di **Gmuend** (2.600 abitanti) che, grazie alle mura ed alle quattro torri, offre tuttora un quadro cittadino medioevale. A nord di Gmuend la *Tauernautohahn* (autostrada dei Tauri) porta a Salisburgo attraverso il **Katschbergpass** (passo del Katschberg). La **Katschberghoeh**e (1640 m) rappresenta di per se una nota regione sciistica.

MALTATAL

Malta - Hochalmstraße

Die 1974 eröffnete **Malta-Hochalm-Straße** führt direkt in den Nationalpark Hohe Tauern.
Die 14 Km lange Straße wurde ursprünglich für den Bau der **Kölnbreinsperre** mit ihrer über 200 m hohen Staumauer angelegt und mußte zum Großteil direkt aus dem Felsen gesprengt werden.

The **Malta-Hochalm-Strasse** (Malta upper Alpine road), which was opened in 1974, is a direct route to the Upper Tauern National Park.
The road, which winds along for 14 kilometres, was initially built for the construction of the **Koelnbrein** Dam and was mostly dug out of the rocks.

La **Malta-Hochalm-Strass**e (strada alto-alpina Malta), aperta nel 1974, conduce direttamente al Parco Nazionale Hohe Tauern (Alti Tauri).
La strada, che si snoda per 14 km, era stata realizzata inizialmente per la costruzione della diga di **Koelnbrein** ed è stata in gran parte scavata nella roccia.

Spittal an der Drau

Wo die Straßen aus Richtung Osttirol und Salzburg zusammenkommen, liegt der Verkehrsknotenpunkt und Fremdenverkehrsort **Spittal an der Drau,** wo im 1527 erbauten prachtvollen Renaissanceschloß **Porcia** jeden Sommer die beliebten Komödienspiele stattfinden.

At the crossroads of the routes from the western Tyrol and from Salzburg is the tourist resort of **Spittal an der Drau** where, in the luxurious Rennaissance castle of **Porcia** (built in 1527), the renowned theatrical comedies are presented every summer.

All'incrocio delle strade provenienti dal Tirolo orientale e da Salisburgo sorge il nodo stradale e la località turistica **Spittal an der Drau** (Spittal sul Drau) dove, nel sontuoso castello rinascimentale di **Porcia** (edificato nel 1527), vengono rappresentate tutte le estati le note commedie teatrali.

Bild 1: Innenhof des Renaissanceschloßes Porcia
Bild 2: Hauptplatz mit Schloß Porcia
Bild 3: Spittal und Millstätter See vom Goldeck aus

Photo 1: Inner courtyard of the Renaissance Porcia Castle
Photo 2: Main square with Porcia Castle
Photo 3: Spittal and Millstätter See, seen from Goldeck

Foto 1: Cortile interno del castello rinascimentale di Porcia
Foto 2: Piazza principale con il Castello di Porcia
Foto 3: Spittal e Millstätter See visti da Goldeck

Seeboden

Der **Millstätter See** ist mit seinen 12 km Länge und 1,5 km Breite zwar nur der zweitgrößte See Kärntens, jedoch wegen seiner Tiefe (bis 141m) der wasserreichste. Am Nordufer mit den flacheren Stränden liegen mehrere Badeorte.

The **Millstaetter See** is 12 kms. long and 1.5 kms. wide but is only the second largest lake in Carinthia. It does, however, hold the most water due to its great depth, in places reaching as much as 141 metres. Along the northern bank, where the beaches are flatter, there are a number of lakeside bathing resorts.

Il **Millstaetter See,** con i suoi 12 km di lunghezza e 1,5 km di larghezza, è solamente il secondo lago della Carinzia in ordine di grandezza, sebbene sia il più ricco d'acque, data la notevole profondità (fino a 141 m). Lungo la riva settentrionale, dove le spiaggie sono più pianeggianti, sorgono numerose località balneari.

Millstatt

Der Millstätter See verdankt seinen Namen dem traditionsreichen Badeort **Millstatt**, der nicht nur wegen seiner Erholungsmöglichkeiten, sondern auch wegen des ehemaligen **Benediktinerklosters** mit der sehenswerten **Stiftskirche** bekannt ist, in der alljährlich die *Internationalen Musikwochen* stattfinden.

The Millstaetter See takes its name from **Millstatt,** a bathing resort rich in tradition and known not only for its therapeutic establishments but also for the ex-**Benedictine convent** and the **collegiate** church where the annual *International Music Weeks* take place.

Il Millstaetter See deve il proprio nome a **Millstatt,** località balneare ricca di tradizioni, nota non solo per le strutture di cura che offre, ma anche per l'ex **convento benedettino,** con la stupenda **collegiata,** nella quale si svolgono annualmente le *Settimane Musicali Internazionali.*

Bild 1: Golfplatz Millstätter See
Bild 2: Millstatt, Stiftskirche
Bild 3: Millstätter Bürgerinnen in Tracht

Photo 1: Golf course by the Millstätter See
Photo 2: Millstatt, the Collegiate Church
Photo 3: Millstatt people in costume

Foto 1: Campo da golf sulle sponde del Millstätter See
Foto 2: Millstatt, la Collegiata
Foto 3: Cittadine di Millstatt in costume

Döbriach

Viel Grün, gepflegte Parkanlagen, sanftmugelige Wanderberge und ein warmer Badesee in Trinkwasserqualität. Die Natur stellt verständnisvoll einen langen, flachen Naturbadestrand zur Verfügung.

Plenty of green landscape, well-kept parks, gently undulating mountains for hiking, and a warm lake with drinking water quality. A natural bathing beach kindly provided by mother nature.

Tanto verde, parchi ben tenuti, lievi montagne per passeggiate e gite ed un lago caldo per il bagno con la qualità di acqua potabile. Piena di comprensione la natura ci mette a disposizione una lunga spiaggia naturale.

Bild 1: Strandbad Döbriach
Bild 2: Blick auf Döbriach

Photo 1: The Doebriach bathing establishment
Photo 2: View of Doebriach

Foto 1: Lo stabilimento balneare di Doebriach
Foto 2: Vista su Doebriach

6 · BAD KLEINKIRCHHEIM

Der auf 1076 m Höhe gelegene Gebirgsort **Bad Kleinkirchheim** ist gleichermaßen als Kurort und Wintersportplatz beliebt. Neben Badekuren in den Thermalbädern, die ganzjährig geöffnet sind, empfehlen sich Wanderungen in den *"Nationalpark Nockberge"* ebenso wie ein Abstecher nach **St. Oswald** mit seiner spätgotischen Pfarrkirche.

This mountain location at a height of 1076 m., is known both as a retreat and a winter sports centre. As well as the thermal cures in the spas, which are open all year round, excursions to the *Nockberge National Park* are recommended along with a stopover at **St. Oswald** with its late-Gothic parish church.

Questa località montana, situata a quota 1076 m. è nota sia come luogo di riposo che come centro di sport invernali. Oltre alle cure termali nei bagni delle terme, aperte tutto l'anno, si consi-gliano escursioni nel *"Parco Nazlonale Nockberge"*, coso come una puntata a **St. Oswald**, dove potrete ammirare la chiesa par-rocchiale tardo-gotica.

Zwischen **Millstätter** und **Ossiacher See** finden sich noch einige ruhige Erholungsgebiete - etwa die Gemeinde **Feld am See,** einem Ausgangspunkt für sommerliche Bergtouren auf den Mirnock (2104 m) oder den **Kolmnock** (1845 m).

Between the **Millstaetter See** and the **Ossiacher See** (Lake Ossiach) other peaceful and relaxing settings are to be found such as the settlement of **Feld am See** on the **Brennsee,** the starting point for summer hikes on the mountains of Mirnock (2104 m) or **Kolmnock** (1845 m).

Tra il **Millstaetter See** e l'**Ossiacher See** (lago di Ossiach) si trovano altri tranquilli luoghi di riposo - come il comune di **Feld am See** sul **Brennsee,** punto di partenza per gite estive montane sul Mirnock (2104 m) o sul **Kolmnock** (1845 m).

6 · NATIONALPARK NOCKBERGE

Nockalmstraße

Wohl eine der landschaftlich schönsten Straßen Kärntens ist die 1981 eröffnete, 34 km lange **Nockalmstraße,** die entlang des Alpenkammes durch den **Nationalpark Nockberge** von **Kremsbrücke** im Liesertal nach **Ebene Reichenau** führt - entlang verschiedener Flüsse und mitten durch Fichten -, Lärchen - und Zirbenwälder. Auf der 2025 m hohen **Schiestlscharte** steht eine Wunschglocke, die an eine alte Wettersage erinnert. Die **"Glockenhütte"** ist zugleich Informationsstelle des "Nationalparks Nockberge".

One of the most beautiful of the country routes of Carinthia is the **Nockalmstrasse.** This road was opened in 1981 and is 34 km. long. It winds along the alpine ridge towards the **Nockberge National park,** from **Kremsbruecke** in the Liesertal as far as **Ebene Reichenau,** along various rivers and through woodland of fir, larch and stone pine. At the **Steigerhoehe** the road reaches a height of 2025 metres, its highest point. The numerous car parks that line the road offer starting points for excursions over the whole Nock region.

Una delle strade paesaggisticamente più belle della Carinzia è la **Nockalmstrasse,** aperta nel 1981, lunga 34 km, che si snoda lungo la cresta alpina attraverso il **Parco Nazionale Nockberge,** da Kremsbruecke nella Liesertal fino a **Ebene Reichenau** - lungo vari fiumi e attraverso boschi di abeti, larici e cembri. In corrispondenza del suo punto di massima altitudine, la **Steigerhoehe,** raggiunge una quota di 2025 metri. I numerosi parcheggi che costellano la strada offrono punti di partenza per escursioni nell'intera regione del Nock.

Turrach

Die Nockalmstraße mündet in die Straße zur **Turracher Höhe,** einer 1783 m hoch gelegenen Paßlandschaft. Der beliebte Höhenluftkurort mit dem **Turracher See** und dem **Grünsee** eignet sich im Sommer als Ausgangspunkt für Bergtouren und gilt im Winter als schneesicherer Wintersportplatz.

The Nockalmstrasse comes out onto the road which leads to the **Turracher Höhe,** at a height of 1783 metres. This noted health resort, near the **Turracher See** (Lake Turrach) and the **Gruensee,** is a departure point for summer mountain hikes, whilst in winter it is a winter sports resort which always has a covering of snow.

La Nockalmstrasse sbocca sulla strada diretta alla **Turracher Höhe,** a quota 1783 m. Questa nota stazione climatica, in prossimità del **Turracher See** (lago di Turrach) e del **Gruensee,** offre in estate un punto di partenza per escursioni in montagna, mentre in inverno rappresenta un centro di sport invernali perennemente innevato.

7·BURGEN-UND SCHLÖSSERREGION

Maria Saal

Einige Kilometer nördlich von Klagenfurt, nahe der Bundesstraße 83, steht noch heute der aus römischen Steinen erbaute **Herzogstuhl,** auf dem die Kärntner Herzöge jahrhundertelang Gericht hielten. Kurz davor passiert man den Wallfahrts- und Ausflugsort **Maria Saal** mit der eindrucksvollen gotischen Kirche aus dem 15. Jahrhundert, an deren Außenwand sich eine einmalige Reliefdarstellung eines römischen Pferdegespannes befindet.

A few kilometres to the north of Klagenfurt, close to state road 83, one may still admire the **ducal throne,** constructed in Roman stone, and from which the Dukes of Carinthia passed judgement. Just before this, one may admire **Maria Saal,** a hiking and pilgrimage location whose Beautiful Gothic church dates back to the 15th century.

Alcuni chilometri a nord di Klagenfurt, in prossimità della strada statale 83, è possibile ammirare ancora oggi il **trono ducale,** realizzato in pietre romane, dal quale i duchi della Carinzia pronunciarono per secoli le proprie sentenze.
Poco prima è possibile ammirare **Maria Saal,** località di escursioni e di pellegrinaggio, con la bellissima chiesa gotica risalente al XV secolo.

Bild 1: Wallfahrtskirche Maria Saal
Bild 2: Römisches Relief an der Kirchenaußenwand
Bild 3: Wallfahrtskirche Maria Saal

Photo 1: The Maria Saal Sanctuary
Photo 2: Romanesque relief on the outer façade of
the sanctuary
Photo 3: The Maria Saal Sanctuary

Foto 1: Il Santuario Maria Saal
Foto 2: Rilievo romanico sulla facciata esterna del
santuario
Foto 3: Il Santuario Maria Saal

Magdalensberg

Unweit von Burg Hochosterwitz steht der 1058 m hohe **Magdalensberg,** dessen Gipfel über eine Zufahrts-straße von St. Michael aus erreichbar ist. Hier befindet sich das "Kärntner Pompeji" - die Ausgrabungsstätte einer spätkeltisch - frührömischen Stadt, vermutlich eine Vorläuferin der römischen Siedlung Virunum im Zollfeld. Bemerkenswerte Grabungsfunde sind in einem Museum vor Ort ausgestellt.

At a short distance from the castle ot Hochosterwitz **Magdalensberg** rises to a height of 105 8 metres . The peak can be reached along an access road from St Michael. Here the "Pompei carintica" is to be found, the site of excavations of a late-Celtic, pre-Roman city, presumably a precursor to the Roman settlement of Virunum. The more interesting finds from the excavation are displayed in a museum.

A poca distanza dal castello di Hochosterwitz si erge la **Magdalensberg,** alta 1058 m, la cui vetta è raggiun-gibile percorrendo una strada di accesso che parte da St. Michael.
Qui troverete la "Pompei carintica" - il luogo di scavo di una città tardo-celtica - pre-romana, presumibil-mente precorrente l'insediamento romano di Virunum. I reperti di scavo più interessanti sono esposti in un museo sul posto.

Bild 4: Magdalensberg
Bild 5: Rundkarner (1416), Maria Saal
Bild 6: "Jüngling vom Magdalensberg"
Bild 7: Herzogstuhl

Photo 4: Magdalensberg
Photo 5: Circular ossuary (1416), Maria Saal
Photo 6: "The Magdalensberg Boy"
Photo 7: The Duke's Throne

Foto 4: Magdalensberg
Foto 5: Ossario circolare (1416), Maria Saal
Foto 6: "Il ragazzo della Magdalensberg"
Foto 7: Trono ducale

St. Veit an der Glan

Ehe Kaiser Maximilian 1. 1518 Klagenfurt zur Hauptstadt Kärntens ernannte, war **St. Veit an der Glan** (12.000 Ew.) Residenz der Kärntner Herzöge - insgesamt mehr als 400 Jahre lang. Heute ist St. Veit vor allem als Kulturstadt, Verkehrsknotenpunkt und Zentrum der holzverarbeitenden Industrie von Bedeutung, an die Vergangenheit erinnert aber noch vieles: Die 10 Meter hohe, gut erhaltene Stadtmauer ebenso wie der **Hauptplatz** der Stadt. Auf dem 200 Meter langen und 30 Meter breiten Platz, einem der schönsten Zentren Österreichs, stehen der **Schlüsselbrunnen** aus dem 16. Jahrhundert, der **Florianibrunnen** und die 1715 errichtete **Pestsäule**. Rund um den Platz stehen nicht nur schön renovierte Patrizierhäuser, sondern auch das 1468 errichtete **Rathaus** mit spätbarocker Stuckfassade und einem schönen Arkadenhof. Am nahen Kirchplatz steht die mit zahlreichen Römersteinen versehene **Pfarrkirche** aus dem 13. Jahrhundert. Sehenswert sind auch das ehemalige **Zeughaus** aus dem 16. Jahrhundert, das **Verkehrs** - und das **Stadtmuseum** sowie **Schloß Kölnhof** und das **Wasserschloß Weyer.** Lohnend sind natürlich auch Ausflüge zu einer der zahlreichen Burgen in der Umgebung von St. Veit.

When the Emperor Maximilian I nominated Klagenfurt as the capital of Carinthia, in 1518, **St. Veit an der Glan** (12,000 inhabitants) had been the residence of the Carinthian dukes for over 400 years. At the present time, St. Veit is important as a cultural city, an intersection for road communications and an industrial centre for the working of wood, though many elements refer back to the past: the well-conserved **city walls,** reaching a height of 10 metres, or the **Hauptplatz** (main square). The square measures 200m x 30m and may be considered one of the most beautiful town centres in Austria. It contains the 16thcentury **Schluesselbrunnen** fountains, the **Floriana Fountain** and the **Pestsaeule** (a column in memory of the plague) erected in 1715. The square is dotted with aristocratic houses which have been modernized and includes the **Town Hall,** built in 1468, with the facade adorned with late-Baroque stucco work and a stupendous courtyard with arches. In the nearby Kirchplatz rises the **parish church** with numerous Roman stones going back to the 13th century. Also noteworthy are the **ex-arsenal** from the 16th century, the **Civic and Tourist Museum** as well as the **Schloss Koelnhof** (Koelnhof Castle) and the **Wasserschloss Weyer** (Weyer castle, surrounded by water). A visit is also recommended to the castles in the vicinity of St. Veit.

Quando l'imperatore Massimiliano I nominò Klagenfurt capitale della Carinzia, nel 1518, **St. Veit an der Glan** (12.000 abitanti) era da più di 400 anni la residenza dei duchi carintici. Attualmente St. Veit è rinomata come città culturale, nodo stradale e centro industriale per la lavorazione del legno, anche se molti elementi riportano al passato: le **mura cittadine** ben conservate, che raggiungono i 10 metri di altezza, così come la **Hauptplatz** (piazza principale) della città. Sulla piazza, lunga 200 metri e larga 30 m, che puo essere considerata uno dei più bei centri cittadini dell'Austria, troviamo le fontane **Schluesselbrunnen,** realizzate nel XVI secolo, la **Fontana Floriani** e la **Pestsaeule** (colonna a ricordo della peste), eretta nel 1715. La piazza è costellata da case patrizie rimodernizzate ed accoglie il **Municipio,** edificato nel 1468, con la facciata adornata da stucchi tardo-barocchi ed uno stupendo cortile ad arcate. Nella vicina Kirchplatz sorge la **chiesa parrocchiale,** che presenta numerose pietre romane, risalente al XIII secolo. Degni di nota sono anche l'ex-arsenale del XVI secolo, il **Museo Civico e del Turismo** nonchè lo **Schloss Koelnhof** (Castello di Koelnhof) ed il **Wasserschloss Weyer** (Castello di Weyer, circondato dall'acqua).
Si consiglia anche di visitare i numerosi castelli nelle vicinanze di St. Veit.

Foto 1: St. Georgen sul Längsee
Foto 2: Piazza principale di St. Veit
Foto 3: St. Veit, il fossato intorno alla città
Foto 4: Il Municipio di St. Veit (1468)
Foto 5: Zodiac-Hotel, St. Veit
Foto 6: Il portico ad arcate (16° sec.), St. Veit

1

Bild 1: St. Georgen am Längsee
Bild 2: Hauptplatz St. Veit
Bild 3: St. Veit, Stadtgraben
Bild 4: Rathaus St. Veit (1468)
Bild 5: Zodiac-Hotel, St. Veit
Bild 6: Arkadenhof (16. Jhdt.), St. Veit

Photo 1: St. Georgen on the Längsee
Photo 2: Main square of St. Veit
Photo 3: St. Veit, moat around the town
Photo 4: St. Veit Town Hall (1468)
Photo 5: Zodiac Hotel, St. Veit
Photo 6: Arched portico (16th c.), St. Veit

Burg Hochosterwitz

10 Kilometer östlich von St. Veit steht - auf einem 160 Meter hohen, frei aus der Ebene herausragenden Felsen, die Burg **Hochosterwitz,** die dank ihres imposanten Aussehens als ein Wahrzeichen Kärntens gilt. Die Burg befindet sich, seit sie im 16. Jahrhundert erbaut wurde, im Besitz der Fürsten Khevenhüller. Die frühere Zuflucht der Protestanten hielt über 400 Jahre allen Belagerungen stand, heute kommen jährlich etwa 200.000 Besucher in friedlicher Absicht, um sie zu besichtigen. Sie müssen zunächst den 620 Meter langen Weg aus dem Tal zurücklegen, der durch 14 Tore führt (am 8.Tor steht die Schloßkirche mit einem sehenswerten Bronzealtar), ehe sie die Burg erreichen, wo unter anderem eine Waffensammlung zur Besichtigung lädt.

Ten kilometres to the east of St. Veit, on a 160- meter-high solitary rock stretching out into the plane, one can admire the **Hochosterwitz** which, because of its imposing appearance, is considered one of the symbols of Carinthia. From its foundation in the 16th century, the castle belonged to the Dukes Khevenhueller. An ex-refuge of the Protestants, the castle resisted sieges for more than 400 years and is now visited annually by around 200,000 people, the attentions of whom are, however, somewhat more amicable. The collection of arms which the castle contains is also to be recommended. Before reaching the castle, visitors have first to follow a 620 meter route from the valley which twists its way through 14 portals (at the eighth portal stands the castle church with a marvellous altar in bronze).

Dieci chilometri a est di St. Veit, su una rocca alta 160 m, che si erge solitaria nella pianura, è possibile ammirare il castello di **Hochosterwitz** che, grazie all'aspetto imponente, viene considerato uno dei simboli della Carinzia. Dalla sua fondazione, avvenuta nel XVI secolo, il castello appartiene ai duchi Khevenhueller. Ex-rifugio dei protestanti, resistette per più di 400 anni a tutti gli assedi, e viene ora visitato annualmente, con intenzioni amichevoli, da circa 200.000 persone.
Prima di raggiungere il castello, dove si consiglia tra l'altro di visitare la raccolta delle armi, i visitatori devono dapprima coprire il percorso di 620 metri che parte dalla valle e che si snoda attraverso 14 portali (in corrispondenza dell'ottavo portale sorge la chiesa del castello con uno stupendo altare in bronzo).

Bild 1-3: Burg Hochosterwitz
Bild 2: Waffensammlung in Burg Hochosterwitz
Bild 4: Innenhof auf Burg Hochosterwitz
Bild 5: Friesach
Bild 6: Friesach, Hauptplatz mit
  Renaissancebrunnen (1563)
Bild 7: Strassburg
Bild 8: Gurk mit dem romanischen Dom "Mariä
  Himmelfahrt"

Friesach

Nördlich von St. Veit, kurz vor der steirischen Grenze, liegt die Stadt der Burgen und der lljährlich stattfindenden Sommerspiele, 'riesach (7.000 Ew). Die Stadt, die von Gräben ınd Mauern umgeben ist, war im Mittelalter das ulturelle Zentrum der Gegend. Hier wurde 1217 las erste deutsche Dominikanerkloster geweiht. Neben der frühgotischen **Dominikanerkirche** ind auch die **Deutschordenskirche** und die aus lem 10. Jahrhundert stammende **Peterskirche** uf dem **Petersberg** sehenswert.

To the north of St. Veit, at a short distance from the Styrian border, is **Friesach** (7.000 inhabitants), a city stronghold and site of the annual summer games. The city, encircled by tombs and walls, in mediaeval times was the cultural centre of the region. In 1217 the first Dominican monastery was built here. Next to the early-Gothic **Dominican church,** the **Church of the German Order** (Deutschorden-kirche) and the **Peterskirche** dating from the 10th century, visible on top of **Petersberg,** should be visited.

A nord di St. Veit, a breve distanza dal confine stiriano, sorge **Friesach** (7.000 abitanti), città delle roccaforti e sede degli annuali giochi estivi. La città, circondata da tombe e mura, nel Medioevo era il centro culturale della regione. Nel 1217 vi venne costruito il primo convento domenicano. Accanto alla **chiesa domenicana** del primo gotico si segnalano anche la **Chiesa dell'Ordine Tedesco** (Deutschordenkirche) e la **Peterskirche** risalente al X secolo, visibile in cima alla **Petersberg.**

Gurk

Der Weg vom **Ossiacher See** in die Steiermark führt eine zeitlang durch das reizvolle Tal der *Gurk,* nach der auch die **Gurktaler Alpen** benannt sind. Im Ort Gurk selbst steht eines der bedeutendsten romanischen Bauwerke Europas, der **Gurker Dom,** der zwischen 1140 und 1200 errichtet wurde und in dessen Inneren sich unter anderem die berühmte, auf 100 Säulen ruhende **Krypta** befindet.

The route which runs from **Ossiach** to Styria passes through the enchanting valley of *Gurk,* from which the **Gurktaler Alps** take their name. At the town of Gurk one of the most famous Romanic buildings in Europe can be admired - the **Gurker Dom** (the cathedral of Gurk). Built between 1140 and 1200, inside is the famous **Crypt** supported by 100 columns.

Il percorso che dall'**Ossiacher See** conduce nella Stiria attraversa l'incantevole valle del *Gurk,* dalla quale hanno preso il nome le **Gurktaler Alpen** (Alpi della Valle del Gurk). Nella località di Gurk é possibile ammirare uno dei piu famosi edifici romanici d'Europa, il **Gurker Dom** (Duomo di Gurk), edificato tra il 1140 ed il 1200 e nel cui interno si trova la famosa **Cripta** sostenuta da 100 colonne.

Photos 1-3: Hochosterwitz Castle
Photo 2: Collection of weapons in Hochosterwitz Castle
Photo 4: Inner courtyard of Hochosterwitz Castle
Photo 5: Friesach
Photo 6: Friesach, main square with Renaissance fountain (1563)
Photo 7: Strassburg
Photo 8: Gurk with "Assumption of the Virgin Mary" Romanesque cathedral

Foto 1-3: Il Castello di Hochosterwitz
Foto 2: Collezione di armi nel Castello di Hochosterwitz
Foto 4: Cortile interno del Castello di Hochosterwitz
Foto 5: Friesach
Foto 6: Friesach, Piazza principale con fontana rinascimentale (1563)
Foto 7: Strassburg
Foto 8: Gurk con il Duomo romanico "Ascensione di Maria"

8·LAVANTTAL

St. Paul

Ganz im Osten Kärntens steht ein weiteres berühmtes Kloster: Das 1091 gegründete Benediktinerstift von **St. Paul,** gebaut auf einer Felshöhe nahe des Ortes, der auch als "Perle des Lavanttales" bezeichnet wird.

St. Andrä

Ebenfalls im Lavanttal zwischen Koralpe und Saualpe liegt die ehemalige Bischofsstadt **St. Andrä** mit ihrer weithin sichtbaren zweitürmigen Pfarrkirche.

Wolfsberg

Der Mittelpunkt des Lavanttales ist **Wolfsberg** (28.000 Ew.), das als Gründung der Bamberger Bischöfe entstand und bis 1759 in deren Besitz blieb, ehe es unter Maria Theresia - ebenso wie Villach - von den Habsburgern erworben wurde.
Der **Hohe Platz** im Zentrum der Stadt ist von Häusern aus dem 15. und 16. Jahrhundert umgeben, sehenswert ist auch die **Stadtpfarrkirche St. Markus**, aus dem 13. Jahrhundert. Auf einer Anhöhe über der Stadt steht **Schloß Wolfsberg,** einst das Hauptschloß der Bischöfe von Bamberg in Kärnten. Das heute im Privatbesitz befindliche mittelalterliche Schloß wurde im 16. Jahrhundert aus - und im 19. Jahrhundert zur jetzigen Form umgebaut.

The centre of Lavanttal is **Wolfsberg** (28,000 inhabitants), founded by the bishops of Bamberg and remaining in their possession until 1759 when, under Maria Teresa and as had happened at Villach, it was conquered by the Habsburgs. The **Hohe Platz** (High Square), situated at the centre of the city, is surrounded by houses dating back to the 15th and 16th centuries. Noteworthy, too, is the town parish **church of St. Markus,** from the 13th century. On an area of high ground near the city, one can admire the **Schloss Wolfsberg** (Wolfsberg castle) which, in the past, was the main castle of the bishops of Bamberg in Carinthia. The mediaeval castle, which today is private property, was rebuilt in the 16th century and given its present form in the 19th century.

Il centro della Lavanttal è **Wolfsberg** (28.000 abitanti), fondata dai vescovi di Bamberg e rimasta in loro possesso fino al 1759 quando, sotto Maria Teresa - così come accadde a Villach - fu conquistata dagli Asburgo. La **Hohe Platz** (Piazza Alta), situata al centro della città, è circondata da case risalenti al XV e XVI secolo, degna di nota è anche la **chiesa parrocchiale cittadina di St. Markus** (San Marco), risalente al XIII secolo.
Su un'altura che si erge vicino alla città è possibile ammirare lo **Schloss Wolfsberg** (Castello di Wolfsberg), in passato castello principale dei vescovi di Bamberg in Carinzia. Il castello medioevale, oggi proprietà privata, fu ristrutturato nel XVI secolo ed acquisò la forma attuale nel XIX secolo.

In the eastern part of Carinthia a highly-renowned convent is to be found: the Benedictine convent of **St. Paul,** founded in 1091, rises from a rock near the village, and is also known as the "pearl of the Lavanttal".

Also in the Lavanttal, between Koralpe and Saualpe, is the ex-bishopric of **St. Andrae** with the twin-towered parish church which is visible from miles away.

Nella regione orientale della Carinzia sorge un famosissimo convento: il convento benedettino di **St. Paul,** fondato nel 1091, che si erge su una roccia in prossimità del paese, denominato anche la "perla della Lavanttal".

Sempre nella Lavanttal, tra Koralpe e Saualpe, si trova la ex-città vescovile **St. Andrä,** con la chiesa parrocchiale a due torri, visibile da grande distanza.

2

Bild 1: St. Paul
Bild 2: St. Andrä
Bild 3: Wolfsberg

Photo 1: St. Paul
Photo 2: St. Andrä
Photo 3: Wolfsberg

Foto 1: St. Paul
Foto 2: St. Andrä
Foto 3: Wolfsberg